ジュニアレインボー

犬の色

若い心に色を紹介する
レインボー・ロイによって

ジュニアレインボー
犬の色
若い心に色を紹介する
レインボー・ロイによって

虹にはいろん
な色が詰まっ
ています。

一緒に色を調べ、犬についても学びましょう。

赤

この犬の
バンダナ
みたいな
赤。

オレンジ

オレンジ、このアイリッシュ セッターのような。

黄色

このゴールデンレトリバーのような黄色。

緑

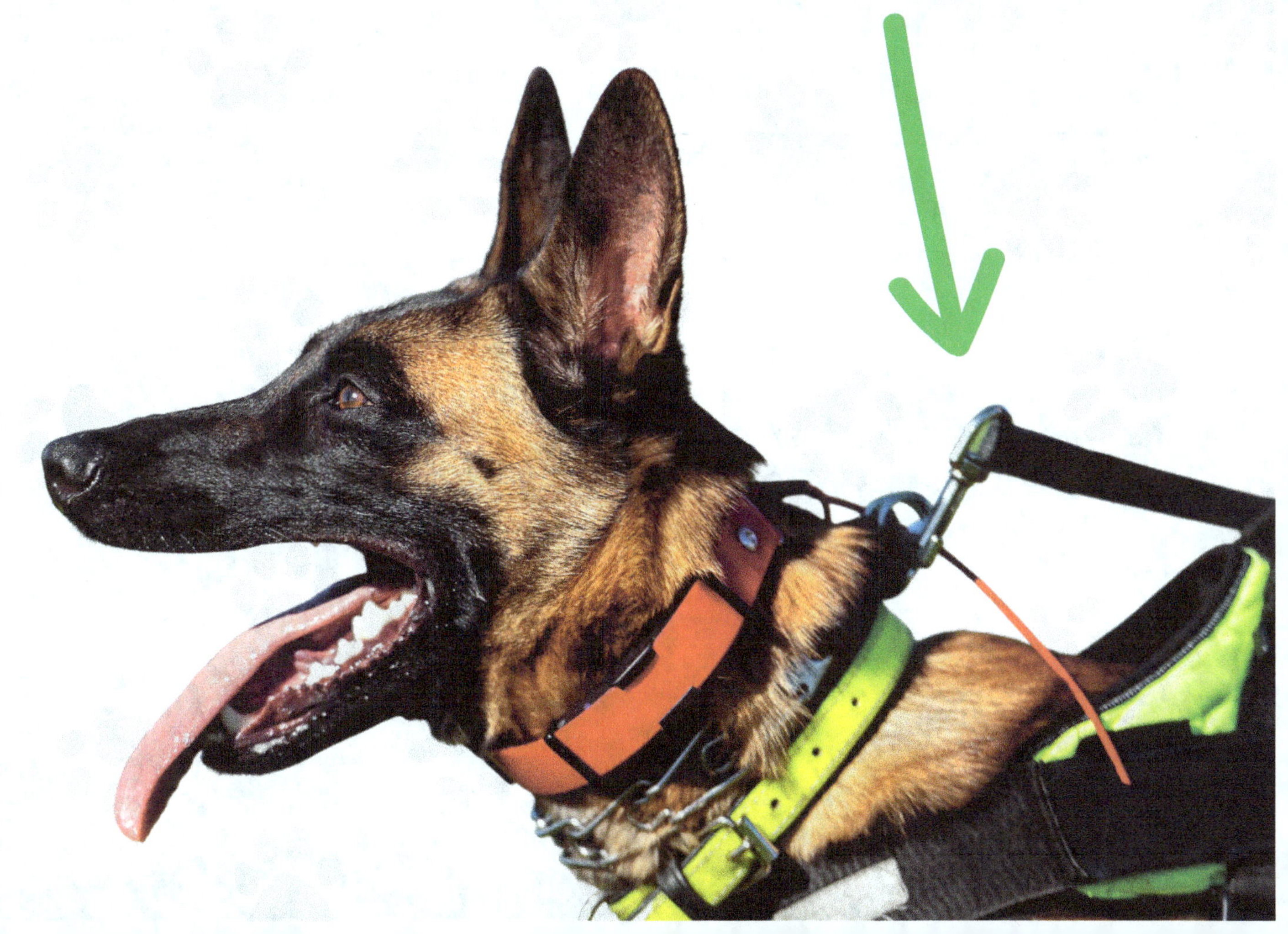

緑、この犬の首輪とハ
ーネスのように

青

ブルー、この
オーストラリ
アン・キャト
ル・ドッグの
ように

インジゴ

インディゴは、この犬
のベッドのように。

紫

紫、この犬のおも
ちゃみたい。

では、虹の外側にある他の色を見てみましょう。

ピンク

この犬の衣装のよ
うなピンク。

茶色

ブラウン、このニューファンドランドみたいな。

このマルタ人のような白人。

黒

黒人、この研究室
が好きです。

グレー

グレー、このグレ
ートデーンのよう

では、何を学んだかを見てみましょう！

この犬は何色
ですか?

この犬は黄色
です。

この子犬は何
色ですか?

この犬は灰色
です。

この犬は何色
ですか?

この犬は黒、茶色、白です。

あなたはとても賢いですね！常に学び続け、学ぶことへの愛情を決して忘れないでください。